Erst wer eines Ganzen mächtig ist,
weiß um Zäsuren.

Theodor W. Adorno

Zum Autor:
Wilhelm Reichart, M.A., studierte Philosophie, Germanistik und Soziologie. Er arbeitet heute als Buchhändler in Heidelberg, wo er seit 2011 eine Philosophische Praxis führt. Klienten der Philosophischen Praxis erhalten in individuellen Gesprächsformaten eine Hinführung zu philosophischem Denken, Lebensberatung und Supervision. Der Autor ist Mitglied der Internationalen Gesellschaft für Philosophische Praxis (IGPP). Er hält regelmäßig Vorträge am Deutsch-Amerikanischen Institut in Heidelberg. Bei BoD ist von ihm bereits *Vom freien Menschen. Fünf philosophische Reden* erschienen.

Wilhelm Reichart

DU LEBST FALSCH!

Eine philosophische Provokation

Bibliografische Information der Deutschen Nationalbibliothek: Die Deutsche Nationalbibliothek verzeichnet diese Publikation in der Deutschen Nationalbibliografie; detaillierte bibliografische Daten sind im Internet über dnb.dnb.de abrufbar.

Herstellung und Verlag: BoD – Books on Demand, Norderstedt
Lektorat: Dr. Antje Jantz, Heidelberg
Gestaltung: KontextKommunikation, Heidelberg & Berlin

ISBN 978-3-7578-8304-1

Du lebst falsch!

Wer sich mit dem Vorwurf konfrontiert sieht, falsch zu leben, stellt unweigerlich die Frage nach dessen Begründung. Dabei steigt mit der Empörung über den Vorwurf das Verlangen, die Begründungsfrage beantwortet zu bekommen. Lediglich die in Resilienz gut Trainierten lassen sich ihren Zukunftsoptimismus von solch einer Provokation nicht mies machen. Die resilienten Zukunftsoptimisten bauen darauf, dass der heutige, hoch industrialisierte Mensch in der Lage ist, die sich vor ihm auftürmenden globalen Umweltprobleme mit Hilfe seiner pragmatischen Intelligenz zu bemeistern. Womit auch der Vorwurf, er lebe falsch, aus der Welt wäre. Für sie finden der Vorwurf und seine Entkräftung ausschließlich auf der Ebene einer materiell abgesicherten Lebensweise statt. Eine über die Absicherung der materiellen Versorgungsebene hinausgehende Lebensfrage verbannen sie in den Bereich subjektiven Ermessens. Ihr Credo lautet: Lifestylegestaltung ist Privatangelegenheit. Den resilienten Zukunftsoptimisten ist provokativ nur schwerlich beizukommen. Den Anderen jedoch, weniger Optimistischen, schuldet der philosophische Provokateur eine Antwort. Und dies umso mehr, da sie zwischen Hoffnung und Optimismus wohl zu unterscheiden wissen. Zwei Argumentationsebenen des falschen Lebens sollen hier beschritten werden: Die pragmatische Ebene physisch notwendiger Versorgungsgüter und die philosophische Ebene metaphysischer Reflexion.

Dass sich die Lebensweise der Menschen aus den hoch industrialisierten Ländern als falsch erweist, wird mit jedem neuen Umweltschadensbericht offensichtlicher. Fatalerweise stellen diese Länder den Löwenanteil der weltweiten Konsumgesellschaft, die für die gegenwärtige ökologische Krise die Verantwortung trägt. Die Umweltschadensberichte zeigen überdeutlich, dass deren Energie- und Ressourcenverbrauch sich in ruinöser Weise auf den Zustand des Ökosystems Erde auswirkt. Erderwärmung, Trinkwasserverknappung und Artensterben sind die hierfür zuständigen Stichwörter. Auch den hart gesottenen unter den Leugnern, dass die globale Krise der Natur menschengemacht sei, fällt das Leugnen immer schwerer. Zusehends versteifen sie sich darauf, die zu erwartenden Auswirkungen herunterzuspielen. Aber schon ein erster Blick auf den heutigen Zustand des Ökosystems Erde zeigt unabweisbar, dass die Lebensweise der globalen Konsumgesellschaft desaströse Auswirkungen hat. Die globale Konsumgesellschaft ist auf eine nie gekannte Weise dabei, sich sukzessive ihre materiellen Lebensgrundlagen zu entziehen. Aber nicht nur sie ist betroffen. Schon heute hat jener Teil der Weltbevölkerung am massivsten an den Folgen der Naturkrise zu leiden, der zu ihrer Verursachung kaum etwas beiträgt. Und es ist absehbar, dass jene Menschen auch in Zukunft die am schwersten Betroffenen sein werden. Und das unverschuldet.

Wie nun sehen die Lösungswege der Hochindustrienationen aus, um die Naturkrise zu bemeistern? Glaubt man den Technikapologeten, ist ein eminenter Schub an bestehenden und innovativen Technologien der einzig Erfolg versprechende und gesellschaftlich gangbare Lösungsweg. Sie scheinen dabei jedoch zu vergessen, dass, wer sein Heil im technologischen Fortschritt sucht, häufig übersieht, dass dieser einen erheblichen Teil zu den Problemen beisteuert, für deren Lösung er vorangetrieben wird. Zwar geben seine Befürworter vor, die Folgen seines Einsatzes jederzeit abschätzen zu können, doch dürfen Zweifel daran mehr als berechtigt sein. Nicht nur ist die Erde ein hochkomplexes Ökosystem und deshalb die Folgen technologischer Eingriffe äußerst schwer zu kalkulieren, auch hat die Vergangenheit gezeigt, dass mit Effekten zu rechnen ist – und das insbesondere im Energiesektor – die den vorgenommenen Einsparungen zuwiderlaufen. Im Fachjargon: Rebound-Effekte. Alltagssprachlich: Effektive Technologien verleiten zu mehr Technikeinsatz und regenerative Energien verleiten zu mehr Energieverbrauch. Ein alternativer Lösungsweg klingt da vielversprechender. Die beiden Stichwörter für ihn lauten: Nachhaltigkeit und Kreislaufwirtschaft. Dieser Lösungsweg setzt nicht nur auf technologische Innovationen, sondern auch auf eine flexible Regulierung der Wirtschaftsprozesse. Ziel ist es, Produktion und Verbrauch von Energie und Ressourcen in ein ausgeglichenes Verhältnis zu bringen. Mit dieser Maßnahme soll die Biokapazität des gesamten Ökosystems Erde vor einem endgültigen Kollabieren bewahrt werden. Die Befürchtung ist keineswegs aus der Luft gegriffen, denn gegenwärtig ist der Earth Overshoot Day bereits nach der ersten Jahreshälfte erreicht. Um dieser Entwicklung entgegenzusteuern, müssten die verbrauchten Ressourcen zu fast hundert Prozent recycelt werden und die Energie ausschließlich aus regenerativen, d. h. quasi umweltneutralen und unerschöpflichen Quellen stammen. Da zu befürchten ist, dass die dafür notwendigen technischen Umbaumaßnahmen wiederum nur mit einem enormen Energie- und Ressourceneinsatz zu bewerkstelligen sind, und sie zudem nicht mehr rechtzeitig zur Wirkung kommen, wird man nicht umhinkönnen, den konventionellen Energie- und Ressourcenverbrauch der weltweiten Konsumgesellschaft drastisch zu reduzieren. Mehr als eine Zumutung, wie viele deren Mitglieder sich empören. Ein Indiz dafür, dass eine auf Nachhaltigkeit und Kreislauf basierende

Wirtschaft auf vehementen politischen Widerstand stößt.

Die philosophische Argumentationsebene des falschen Lebens ist gänzlich verschieden von der pragmatischen. Was aber berechtigt den Philosophen, die Argumentationsebene des falschen Lebens für sich zu reklamieren? Er könnte diesen Anspruch kraft seiner philosophischen Autorität erheben. Warum sollte sie weniger ins Gewicht fallen als die naturwissenschaftliche? Zumal die Philosophie, im Unterschied zur Naturwissenschaft, ihre Autorität auch immer schon thematisiert hat. Ausgangspunkt der philosophischen Argumentationsebene ist nicht die Feststellung, dass der Konsummensch dabei ist, sich seine materiellen Lebensgrundlagen zu entziehen, sondern die transzendierende Frage, wozu er sie erhalten soll. Nicht mehr die Frage, wodurch lebt der Mensch, steht im Fokus der Reflexion, sondern die Frage, wozu lebt er. Die Wozu-Frage des Lebens impliziert die philosophisch weiter gefasste Frage, ob dem Menschen ursprünglich ein metaphysisches Bedürfnis eigen ist, oder ob dieses Bedürfnis ihm lediglich von philosophischer Seite angedichtet wird. Paradoxerweise erweist sich die Frage nach dem metaphysischen Bedürfnis des Menschen wiederum als eine metaphysische. Wie aber hat man sich überhaupt metaphysisches Fragen vorzustellen? Die Antwort der Philosophie: Es ist ein Fragen, das über die Erfahrung hinausgeht und sich deshalb von ihr keinerlei Hilfe erhoffen darf. Stellt der Einzelne die Wozu-Frage seines Lebens, fragt er also nach dem Sinn seiner Existenz, so sind die möglichen Antworten beträchtlich, doch keine von ihnen ist durch Erfahrung verifizierbar oder falsifizierbar. Dem Existenzsinn korrespondiert keine Anschauung, die ihm Objektivität verleiht, sondern lediglich eine Begriffsinterpretation, die jedoch verharrt im Bereich des Nicht-Empirischen, also im Bereich des Metaphysischen. Wenn der einzelne Mensch sich die Wozu-Frage seiner Existenz und somit der menschlichen Existenz im Allgemeinen stellt, dann wird ihn keine Empirie davor warnen, durch diese existenzielle Sinnfrage in eine metaphysische Sackgasse zu geraten. Aus ihr sich zu befreien, kann ihn erhebliche denkerische Mühen kosten. Eine kostengünstigere und auch einfachere Lösung ist es da, die Wozu-Frage der Existenz als unbeantwortbar und folglich als sinnlos zu klassifizieren. Positivistische Ansätze von Weltauffassung bevorzugen diese simple Art der Lösung. Womit auch sogleich ihre gegenwärtige Hochkonjunktur zu erklären ist. Sie verkörpern den direkten Lösungspragmatismus, den die heutige, Problem beladene globale Konsumgesellschaft so dringend herbeiwünscht. Zudem hat eine positivistische Weltauffassung den Vorzug, dass mit ihr auch jede weitere metaphysische Gedankenakrobatik vom Tisch ist. Metaphysisches, die erfahrbare Welt transzendierendes Nachdenken ist positivistisch betrachtet nutzlos und überflüssig und kann allenfalls der Religion oder der Kunst zugeschrieben werden. Deren Aufgabe sehen positivistische Denkansätze darin, als stabilisierende Faktoren das Funktionieren gesellschaftlicher Systeme aufrechtzuerhalten. Die wissenschaftstheoretischen Probleme, die positivistische Ansätze des Weltzugangs mit sich bringen, sollen hier ausgeklammert werden. Zentral ist ihre antimetaphysische Grundhaltung.

Für die monotheistischen Religionen bedeutet die positivistische Aufgabenzuteilung, dass sie als spirituelles Beruhigungsmittel betrachtet werden können, das seine betäubende Wirkung entfaltet, um Aufbegehren und Widerstand der Bürger zu verhindern, wodurch auch so ganz nebenbei die Herrschaft der gesellschaftlichen Eliten erhalten bliebe. Religionsausübung, so die ihr positivistisch zugeschrieben Aufgabe, ist primär passiv und soll die Bürger beschäftigen und gefügig machen. Ihr metaphysischer Anspruch besteht allein darin, theologisch versierte Debatten an den Universitäten zu führen. Die der Theologie inhärente metaphysische Reflexion, die ihren angestammten Platz an der Universität verlässt und in den zivilgesellschaftlichen Bereich eindringt, wird als unerlaubter Ausbruch verstanden und von der klerikalen Elite als umstürzlerisch diskreditiert. Nicht anders ergeht es den Religionen, die nicht monotheistisch, sondern spirituell-pantheistisch grundgelegt sind. Positivistisch betrachtet besteht auch ihre Funktion darin, den Menschen die Aufgehobenheit in einer spirituellen Alleinigkeit zu suggerieren, um sie dadurch zu beruhigen und für den reibungslosen, system-pragmatischen Gesellschaftsablauf nutzbar zu machen. Dass es für die positivistisch definierte Funktion der Religionen immer weniger der Kirchen bedarf, zeigt sich deutlich am Mitgliederschwund der beiden christlichen. Das institutionelle Vakuum, das der Schwund hinterlässt, wirkt sich jedoch negativ auf die den Religionen inhärente Spiritualität aus. Säkulare Spiritualität ist, wie sich heute vielfach zeigt, immer weniger davor gefeit, in mit Verschwörungsmythen behafteten Obskurantismus abzugleiten.

Ein klein wenig anders als bei der Religion verhält sich die Sache bei der Kunst. Abgesehen davon, dass Kunstwerke heutzutage als lukrative Kapitalanlage fungieren, vermittelt die Kunst den mit ihr Beschäftigten das Gefühl, in einem Bereich des Exzeptionell-Kreativen tätig zu sein. Dieser scheint im Gegensatz zum vorherrschenden produktiven Pragmatismus der globalen Konsumgesellschaft zu stehen. Aber der Anschein trügt. Kunst als Gegenort zum Produktionspragmatismus der globalen Konsumgesellschaft zu sehen, verkennt dessen erfolgreiche Vereinnahmungsstrategien – Stichwort: Kreativwirtschaft. Dieser ist es gelungen, das Andersartige der Kunst als Innovationsfaktor in den ökonomischen Prozess zu integrieren. Doch integriert kommt der Kunst abhanden, was einmal Anlass ihrer Integrierung gewesen ist. Im wirtschaftlichen Prozess zeigt die Kunst, dass sie sich ihrer stabilisierenden Nutzbarmachung als gesellschaftlicher Gegenort entzieht. Kunst ist nicht der gesellschaftliche Gegenort, sondern der eigentliche Ort. Um dessen schützende Radikalität zu erkennen, bedarf es der metaphysischen Reflexion. Diese aber ernst genommen, führt in den existenziellen Zweifel. Metaphysische Reflexion trachtet dem existenziellen Zweifel zu entrinnen, indem sie sich seiner annimmt. Damit wird sie zum Sand im pragmatischen Getriebe. Für die gesellschaftlichen Eliten bedeutet sie einen möglichen Machtverlust, für den einzelnen Menschen bedeutet sie die denkerische Verunsicherung, seine sicher geglaubten Gewissheiten durch ihr Hinterfragen erschüttert zu sehen. Das Selbstverständliche gerät vor ihrem bohrenden Hinterfragen zum Zweifelhaften. Nicht umsonst besteht in der heutigen, auf intelligenten Pragmatismus spezialisierten Zeit die Tendenz, metaphysische Reflexion zu ignorieren oder sie rundweg zu verunglimpfen. Das Nutzlose ist das Verdächtige und das Verdächtige steht im Verdacht des Gefahrvollen. Also, Hände weg! Indes, so einfach scheint die Sache nicht zu sein. Gleichwohl gibt die psychologisch geschulte Beruhigungsindustrie sich alle erdenkliche Mühe, den verunsicherten Menschen beiseite zu springen. Die vorgeblich metaphysische Wozu-Frage des menschlichen Daseins sei durchaus leicht zu beantworten, so das wohlmeinende Statement der Profis der Beruhigungsindustrie. Diese versprühen dabei eben denselben dynamischen Optimismus wie die Verfechter der beiden instrumentell pragmatischen Lösungswege. Kurzerhand stellen die Beruhigungsprofis fest: Die Frage des Wozu erübrigt sich ganz einfach. Das Leben ist um seiner selbst willen zu leben. Es ist zukunftsoffen. Es kann nicht in richtig oder falsch eingeteilt werden. Jeder einzelne Mensch hat zahllose Möglichkeiten, sein Leben zu gestalten. Doch benötigt dies eine Resilienz seinen alltäglichen Anforderungen gegenüber. Sie kann durch ein gezieltes Training angeeignet werden. Nur ein agiles, zielgerichtetes Resilienztraining garantiert die Offenheit und die Empfänglichkeit für ein reiches, zufriedenes und sinnerfülltes Leben. Ob diesem psychologischen Kalkül auf lange Sicht der gewünschte Erfolg beschieden ist, daran lassen sich berechtigte Zweifel anmelden. Vordergründig werden die Zweifel genährt durch ein Phänomen, das mittlerweile in den meisten hoch industrialisierten Ländern zu beobachten ist. Es sind die massiv zunehmenden gesundheitlichen Störungen. Als Beispiele seien genannt: auffälliges Essverhalten, Alkohol- und Drogensucht, Medikamentenmissbrauch und psychische Erkrankungen. Die Beispiele weisen symptomatisch auf ein besorgniserregendes Ausmaß an Belastungen hin, dem die Menschen der globalen Konsumgesellschaft ausgeliefert sind.

Es ist aber in der globalen Konsumgesellschaft noch ein weiteres Phänomen festzustellen. Dieses kommt weniger konkret daher, zeigt indes tief greifendere Ursachen an. Es ist ein allumfassendes Unbehagen. Das Unbehagen resultiert aus der Befürchtung der Konsummenschen, vielleicht doch ein falsches Leben zu leben, nicht nur in Bezug auf die sie umgebende Natur, sondern auch in Bezug auf sich selbst. Man kann sich des Eindrucks nicht erwehren, die Wozu-Frage des Lebens schleiche sich als Sinnkrise durch die Hintertür des Alltags wieder herein. Ein zukunftsoffenes Leben verlangt Entscheidungen. Entscheidungen verlangen Orientierung. Orientierung verlangt ein Nachdenken. Ein Nachdenken wird konfrontiert mit der Gefahr, die Wozu-Frage des Lebens falsch zu beantworten. Die falsche Antwort resultiert aus der

Falschheit, das Lebens-Wozu in ein Lebens-Wodurch zu verkehren. Der allherrschende instrumentelle Pragmatismus fordert sein Tribut. Er kaschiert Ratlosigkeit als Offenheit und zwängt den Einzelnen in eine durch ihn kontrollierte Lebensweise. Die Je-Seinigkeit des Individuums wird verkürzt zum Element eines auf pragmatische Effektivität getrimmten Gesellschaftssystems. Die Sicherheit, die das instrumentell- pragmatische Gesellschaftssystem seinen Mitgliedern verspricht, entpuppt sich jedoch als vermeintlich. Diejenigen, die nicht mithalten können, fallen durch das Raster seiner Allgemeinen Geschäftsbedingungen. Sie empfinden sich als nutzlosen Ballast, der auf die Duldung der leistungsstarken Gesellschaftsmitglieder angewiesen ist. Deren aktionistischer Tätigkeitslärm übertönt die beunruhigende Wozu-Frage des Lebens aber nur unzulänglich. In Wirklichkeit stellt sie sich dringender denn je. Doch die Schrecken metaphysischer Denkabgründe scheinen unermesslich.

Der philosophische Provokateur beantwortet die Frage nach dem richtigen Leben: Sich selbst nach denken führt in den existenziellen Zweifel. Es nicht zu tun, resigniert vor ihm.

Umdenken

Um einer globalen Krise wie der Coronakrise philosophisch gerecht zu werden, darf sich die Analyse ihrer Wirkungszusammenhänge nicht auf das nahe Liegende beschränken, sondern muss zum Prinzipiellen vorstoßen. Anders als die weltweite Finanzkrise aus den Jahren 2007 / 2008 ist die Coronakrise nur bedingt menschengemacht. Neben der Neuartigkeit des Virus spielt zweifellos die ins Uferlose gehende globale Mobilität bei der Entstehung der Corona-Pandemie eine zentrale Rolle. Nichtsdestoweniger kann nur das Zweite dem Menschen zugerechnet werden, wohingegen das Erste ihm nicht anzulasten ist.

Der Natur als für ihn Lebensbedrohliches sah sich der Mensch schon seit jeher ausgeliefert. Dieser Bedrohung suchte er zu entrinnen, indem er damit begann, sie technisch zu bemeistern. Dass in unseren Tagen aus dem Bemeistern ein Beherrschen geworden ist, kann aber nicht der Natur, sondern muss dem Menschen angelastet werden. Die Natur führt keinen Krieg gegen den Menschen. Er führt ihn gegen sie. Die von der Natur ausgehende, neuartige virale Bedrohung interpretiert der Mensch als kriegerischen Akt, da sie in kaum gekannter Weise global stattfindet, und er zunächst dazu verurteilt war, ausschließlich passiv auf sie zu reagieren. Nur die rasant entwickelten Impfstoffe erlaubten es ihm, sich wieder als Herr der Lage zu empfinden. Sie betrachtet er als die wirksame Waffe, die ihm seine Überlegenheit der Natur gegenüber wieder zurückgegeben hat. Auch wenn dieses Verhalten nachvollziehbar ist, fußt es auf dem Herrschaftsanspruch des Menschen der Natur gegenüber. Dass dem so ist, zeigt die zweite globale Krise: die Umweltkrise. Diese war zwar während der Coronakrise medial in den Hintergrund getreten, ist jetzt aber wieder vollständig präsent und stellt auch auf lange Sicht die weitaus schwerwiegendere Bedrohung dar. Denn sie kann allein mit technologischem Know-how nicht überwunden werden. Ganz im Gegenteil. Es lässt sich nicht von der Hand weisen, dass die ausufernde Anwendung von technologischem Know-how zu einem erheblichen Teil für die Umweltkrise verantwortlich zu machen ist. Den anderen Teil trägt die von den Industrienationen vorangetriebene globale Ökonomisierung bei. Beides prägt in nie gekannter Weise den Lebensstil des modernen Menschen. Und dies weltweit und kulturübergreifend. Die Umweltkrise ist also nicht isoliert zu betrachten, sondern sie ist die überaus negative Folgeerscheinung der technisch-ökonomischen Globalisierung. In der Krise der Umwelt zeigt sich somit die Krise des modernen Menschen. Da dem so ist, greift jedwede Kosmetik seines Lebensstils zu kurz. Es ist ein prinzipielles Umdenken gefordert. Wohin aber muss gedacht werden?

Die Frage nach dem Wohin des heutigen Denkens impliziert die Frage nach seinem heutigen Standort. Um diesen zu bestimmen, ist eine philosophische Analyse des modernen Denkens zu leisten. Um diese zu leisten, ist darauf zu reflektieren, von welchen strukturellen Merkmalen modernes Denken bestimmt wird. Philosophie kommt heutzutage also nicht umhin, sich aufs Neue grundsätzlich mit der Denkart der Moderne auseinander zu setzen, von der sie schon seit Jahrhunderten geprägt wird. Dabei ist es weit gefehlt, diese Aufgabe als eine ausschließlich akademische zu betrachten. Wer die Philosophie an die Universität verbannt, verkennt ihren Anspruch auf Allgemeingültigkeit. Philosophieren ist eine Angelegenheit aller Menschen und nicht einer, sich selbst als dafür zuständig definierenden, akademischen Elite. Das erfordert im Gegenzug von allen Menschen aber auch die Anstrengung des philosophischen Denkens. Erst die philosophische Denkanstrengung ermöglicht die Analyse des modernen Menschen und seiner modernen Geisteshaltung. Diese Analyse wiederum bereitet die Grundlage, auf der das prinzipielle Umdenken eine neue Theorie der Gesellschaft zu errichten vermag. Diese neu errichtete Gesellschaftstheorie muss sich dann in der Öffentlichkeit dem demokratischen Diskurs stellen. Denn einzig und allein der demokratische Diskurs entgeht dem Verdacht, Ideologien etablieren zu wollen.

Um ihn aber grundlegend führen zu können, bedarf es einer grundlegend neuen Gesellschaftstheorie über die er geführt werden kann. Diese zu konzipieren, ist Aufgabe der Zivilgesellschaft, und so illusorisch das klingen mag, der weltweiten.

Europäische Philosophie als kultureller Teil der zivilen Weltgesellschaft muss sich also in einem ersten Schritt der tiefgreifenden Analyse des modernen Menschen und seiner modernen Art zu denken annehmen und in einem zweiten Schritt der Konzeption der Theorie einer neuen Weltgesellschaft. Um dies leisten zu können, muss sich europäische Philosophie den Philosophien der anderen Kontinente zuwenden und darf nicht in eurozentristischer Manier eine verengende, von Naturwissenschaftlichkeit geprägte Geisteshaltung zu ihrem Maßstab machen. Rationalistische Arroganz ist gegenüber andersartigen Philosophien fehl am Platz. Doch sollten auch die Philosophien, deren Geisteshaltung nicht-europäisch basiert ist, sich dem europäischen, ideell-spekulativen Gedankenaustausch nicht entziehen, mit dem Hinweis, ihre Philosophien seien nicht diskutierbar, sondern nur erfahrbar. Nur der Kontinente übergreifende, ideell-spekulative geistige Austausch über eine neue Form des gesellschaftlichen Zusammenlebens eröffnet die Chance, der globalen ökologischen Katastrophe zu entkommen. Da dieser grundlegende Diskurs nicht zur Angelegenheit einer universitären Weltelite degenerieren darf, sind alle Mitglieder der Weltgesellschaft dazu aufgerufen, sich an ihm zu beteiligen. Dabei muss dem Beitrag jedes einzelnen Mitglieds gleichermaßen Aufmerksamkeit zuteilwerden. Diesen Weltdiskurs zu organisieren, für ihn geeignete Plattformen und Diskussionsräume bereit zu stellen, ist die Aufgabe sowohl von politischen Parteien als auch von nationalen und internationalen Institutionen.

Die zivile Weltgesellschaft ist aufgerufen, die geistige Anstrengung des Umdenkens auf sich zu nehmen.

Umweltschutz-
Brevier

Obgleich die Aufgabe philosophischer Reflexion in krisenhaften Zeiten darin besteht, sich deren tief liegenden und grundsätzlichen Ursachen zuzuwenden, ist es ihr nicht untersagt, konkrete Vorschläge zu unterbreiten, die eine unverzügliche Reaktion auf die jeweilige Krise erlauben. Kein Hinderungsgrund soll dabei sein, dass der konkreten Vorschläge, sie abzuwenden, in der Öffentlichkeit schon erheblich viele kursieren.

Dass dies jetzt an dieser Stelle von philosophischer Seite erfolgt, ist einzig und allein der außerordentlichen Brisanz der gegenwärtigen Umweltkrise geschuldet.

Ernährung

Privat:

- keine Verschwendung von Nahrungsmitteln
- kein Verzehr von Rindfleisch
- den Verzehr tierischer Produkte auf 200 g pro Woche reduzieren
- Bioprodukte regional, saisonal und unverpackt einkaufen
- Leitungswasser trinken

Politisch:

- Nahrungsmittel, die nicht mehr im Verkauf sind, müssen vom Handel (z. B. Supermärkte) zum kostenlosen Abholen bereit gestellt werden
- Steuern auf tierische Nahrungsmittel erhöhen, mit zusätzlichen Steuereinnahmen pflanzliche Lebensmittel subventionieren
- sehr strenge Richtlinien für artgerechte Tierhaltung
- Bio-Landwirtschaft subventionieren
- Überproduktion an Speisen von Großküchen und Restaurants dürfen nicht entsorgt werden, sondern müssen an soziale Einrichtungen weitergegeben werden

Mobilität

Privat:

- keine Flugreisen, dienstliche Flugreisen maximal reduzieren
- keine Kreuzfahrten
- keine die Natur belastenden Freizeitaktivitäten, z. B. Mountainbiking, Skifahren
- private Reisekilometer auf 2000 km pro Jahr reduzierenkein eigenes Auto, sondern Carsharing
- vorwiegende Nutzung von Bus, Bahn und Fahrrad

Politisch:
- Kerosinsteuer einführen oder Luftverkehrsabgabe anheben, mit zusätzlichen Einnahmen öffentlichen Verkehr subventionieren
- Kfz-Steuer für Privatfahrzeuge erhöhen, mögliche Formel: PS × Gewicht in kg ÷ 200, mit zusätzlichen Steuereinnahmen öffentlichen Verkehr subventionieren
- Straßennetz reduzieren, Schienennetz ausbauen
- E-Mobilität fördern

Wohnen

Privat:
- die Wohnfläche auf 50 qm pro Einzelperson reduzieren, für jede weitere Person 30 qm
- Strom- und Heizungsverbrauch reduzieren
- auf regenerative Energienutzung umstellen
- gesundheitsverträgliche Dämmung des Wohnraums
- kein Swimmingpool

Politisch:
- mehr Wohnraum der öffentlichen Hand finanzieren durch höhere Steuern auf privates Wohneigentum

- keine Verjährungsregelung bei der Spekulationssteuer
- allgemeiner Steuersatz von 50 % auf Verkaufspreis von Immobilien
- fossile Energienutzung höher besteuern, damit regenerative Energieerzeugung und -nutzung subventionieren

Konsum

Privat:

- Nettovermögen auf max. 500.000 Euro begrenzen
- Nettoeinkommen auf jährlich 40.000 Euro begrenzen
- nachhaltige Kapitalanlagen
- Konsumausgaben auf 1.500 Euro pro Jahr reduzieren
- keine funktionsfähigen Produkte ersetzen
- defekte Produkte reparieren oder recyceln
- nachhaltige und fair gehandelte Produkte kaufen

Politisch:

- Mehrwertsteuer auf Wohlstandsgüter auf 25 % und auf Luxusgüter auf 40 % erhöhen, mit Steuermehreinnahmen Versorgungsgüter subventionieren
- ab 500.000 Euro Nettovermögen Vermögenssteuer von 15 % einführen

- ab 500.000 Euro Jahreseinkommen Spitzensteuersatz auf 60 % erhöhen
- auf die Überproduktion von Waren allgemeiner Steuersatz von 50 % einführen
- Plastiksteuer von 20 % einführen, ausschließlich für die Reinigung der Ozeane von Plastik einsetzen

Die überwiegende Anzahl der wissenschaftlichen Untersuchungen zur Umweltkrise geht mittlerweile davon aus, dass ein Hinauszögern der Maßnahmen, ihr entgegenzusteuern, dazu führt, dass der Zeitpunkt ihrer Irreversibilität schon in der ersten Hälfte dieses Jahrhunderts erreicht wird. Die Folge wäre nicht nur eine extreme und dauerhafte weltwirtschaftliche Krise, weit besorgniserregender wäre die aus der weltwirtschaftlichen Krise resultierende, instabile weltpolitische Lage. Die Gefährdung der Demokratien durch die Machenschaften von rechtspopulistischen Parteien schreitet in vielen Staaten bereits erschreckend voran. Deren permanenter Zulauf erklärt sich aus der horrenden Verunsicherung, die inzwischen alle gesellschaftlichen Schichten erfasst hat. Viele befürchten, als Verlierer aus der globalen Umweltkrise hervorzugehen. Die nationale Identifikation verspricht da die Lösung. Es mag erstaunlich klingen, aber auf die simple Botschaft der nationalen Zugehörigkeit schrumpft das gesamte rechtspopulistische Spektrum zusammen. In ihm herrscht die Auffassung, die persönlichen Interessen seien die der Nation und diese stünden an erster Stelle. Das verlange nationale Stärke. Diese aber agiert außerhalb des Staatlichen. Die Nation ist gebürtig, der Staat ist rechtlich. Dem Nationalen sind der Rechtsstaat und seine demokratischen Prozesse suspekt. Sie müssten, so die rechtspopulistische Propaganda, abgelöst werden durch eine neue nationale Identifikation. Diese weltweiten antiliberalen und antidemokratischen Entwicklungen stellen eine eminente Bedrohung dar und sind imstande, wenn ihnen nicht Einhalt geboten wird, die demokratische Rechtsstaatlichkeit zu einem Relikt der Vergangenheit zu machen. Dann aber wäre der Zeitpunkt erreicht, wo eine philosophische Analyse der tief liegenden und grundsätzlichen Ursachen der Umweltkrise kein Gehör mehr fände. Für den Philosophen bedeutet das, dass seine analytische Arbeit vergeblich gewesen sein würde. Die Zeit drängt also. Und auch wenn sich herausstellen sollte, dass der ökologische Kipppunkt nicht unmittelbar bevorsteht und somit auch nicht die Gefährdung der Demokratien, würde der Wohlstandsverzicht der globalen Konsummenschen einen zusätzlichen zeitlichen Gewinn bringen, um die philosophische Tiefenanalyse der Ursachen der Umweltkrise anzugehen. Da aber kein Verlass ist auf diesen zeitlichen Aufschub, scheint es angebracht, schon vorab einige generelle Erwägungen über die Ursachen der gegenwärtigen Umweltkrise anzustellen. Vielleicht tragen sie dazu dabei, den notwendigen zivilgesellschaftlichen Diskurs zu intensivieren.

Der derzeitige Stand der ökologischen Forschung zeigt zweierlei unmissverständlich. Zum Einen: Die heutige globale Umweltkrise ist hochgradig auf menschliches Verhalten zurückzuführen und, zum Zweiten: Die Möglichkeit, dass die Umweltkrise in eine Umweltkatastrophe umschlägt, ist nicht mehr von der Hand zu weisen. Aus Erstem resultiert, dass die Umweltkrise durch menschliches Verhalten zum Positiven beeinflusst werden kann, aus Zweitem, dass ein zögerliches Verhalten völlig fehl am Platz ist. Die gegenwärtige Umweltkrise bezieht sich in erster Linie auf die materiellen Lebensgrundlagen der Menschen. Eine populäre und weit verbreitete These zu den Ursachen der Umweltkrise lautet: Die Hauptursache für die Umweltkrise ist die in den letzten Jahrzehnten enorm angewachsene Weltbevölkerung. Ihr eine materielle Grundversorgung bereit zu stellen, übersteige, so die Argumentation, die Kapazität unseres Planeten. Diese These steht auf tönernen Füßen.

Das trifft sogar dann zu, wenn die Weltbevölkerung in Zukunft noch weiter anwächst. Denn die These missinterpretiert ein Leben in Wohlstand als ein Leben, dessen materielle Grundversorgung gewährleistet ist. Berechnungen zeigen, die materielle Grundversorgung wäre ohne Weiteres für die gegenwärtige Weltbevölkerung, aber auch für eine zukünftige, noch größere gesichert. Die Gefahr droht von ganz anderer Seite. Es ist der ressourcenintensive Lebensstil der globalen Konsumgesellschaft. Deren Mitglieder stammen vorwiegend aus den großen Industrienationen. Sollten diese ihren jetzigen Lebensstil beibehalten oder sogar noch ausdehnen, rückt das Kollabieren unseres Planeten unaufhaltsam näher. Die ausufernde Befriedigung von Wohlstands- und Luxusbedürfnissen des globalen Konsummenschen ist hauptverantwortlich für den desaströsen Zustand des Ökosystems Erde. Dass eine Einschränkung dieser Bedürfnisse von vielen der Konsummenschen als ein Verzicht aufgefasst wird, resultiert aus einem Fehlschluss. Sie interpretieren die Forderung, auf Wohlstand zu verzichten, als Attacke auf ihr Selbstbestimmungsrecht. Abgesehen davon, dass dieses so genannte Wohlstandsrecht des Konsummenschen das Existenzrecht des anderen, größeren Teils der Weltbevölkerung gefährdet, muss sich der Konsummensch der Frage stellen, ob Wohlstandsbedürfnisse nicht eher eine Abhängigkeit markieren als eine Selbstbestimmung, von Luxusbedürfnissen ganz zu schweigen. Denn Bedürfnissen ist die Abhängigkeit von ihrer Befriedigung inhärent. Somit ist ein Verzicht auf Bedürfnisbefriedigung ein sich Loslösen von Abhängigkeit. Davon betroffen sind allerdings nur Wohlstands- und Luxusbedürfnisse. Grundbedürfnisse sind davon ausgeschlossen. Sie müssen befriedigt werden, wenn das Überleben des Menschen gesichert sein soll.

Die Vorschläge des Umweltschutz-Breviers richten sich in erster Linie an die einzelnen Mitglieder der globalen Konsumgesellschaft. Denn es ist in keiner Weise angebracht, den individuellen Beitrag zum Umweltschutz als marginal zu diffamieren. Sobald die Anzahl der Konsumenten, die ihren Konsum drastisch reduzieren, ins Millionenfache ansteigt, kann diese millionenfache Konsumreduzierung auf das Produktionsvolumen internationaler Konzerne durchaus Einfluss nehmen. Allerdings lässt sich dieser Effekt nur mühsam und auf lange Sicht herbeiführen, da er mit den festgefahrenen Verhaltensweisen des Konsummenschen konfrontiert wird. Es ergeht also ganz individuell an jeden einzelnen Konsummenschen die Aufforderung, seinen herkömmlichen Lebensstil radikal umzustellen. Selbst wenn er bis dato nicht davon überzeugt ist, dass Wohlstandsverzicht ein Loslösen aus Abhängigkeit bedeutet, muss er anerkennen, dass dieses, sein vermeintliches Wohlstandrecht das Überlebensrecht derjenigen Weltbürger negiert, die nicht wie er Teil der globalen Konsumgesellschaft sind. An dieser Stelle sei nachdrücklich darauf hingewiesen, dass Ressourcenverbrauch nicht erst bei der Konsumption von Waren – übrigens sind auch Services als Waren aufzufassen – beginnt, sondern schon bei deren Produktion. Das heißt, dass die Wohlstandsreduktion bereits bei der Produktion einsetzen muss. Nun stellt Geld bzw. Kapital das Äquivalent von Waren dar und somit von Ressourcenverbrauch. Ein großer Kapitalbesitz resultiert folglich aus einem großen Verbrauch von Ressourcen. Wer also nicht konsumiert, sondern nur durch seinen Anteil am Produktionsprozess Kapital generiert, treibt zwar den Produktionsprozess durch seine Nachfrage nicht weiter an, profitiert aber vom ungehinderten Ressourcenverbrauch. So ist Reichtum also nicht vorrangig ein Problem der Verteilungsgerechtigkeit, sondern vielmehr ein Problem der Ressourcenausbeutung. Denn auch wenn die jährlich weltweit erwirtschaftete Kapitalmenge ausgewogen verteilt würde, bliebe die durch Energieverbrauch und Ressourcenabbau angerichtete Naturzerstörung die gleiche. Wenn der Konsummensch seinen Lebensstil nicht radikal ändert, lädt er sich nicht nur eine enorme moralische Bürde auf, sondern er treibt auch die Eskalation der Konflikte voran, die um die weltweit vorhandenen Ressourcen entbrannt sind. Er hat also zweierlei zu tun. Er muss seinen privaten Konsum und seinen privaten Anteil an der Warenproduktion radikal reduzieren und auf Nachhaltigkeit umstellen, und er muss politisch auf die Regierenden einwirken, damit diese umfangreiche umweltschützende Maßnahmen auf den Weg bringen. Diese Forderungen haben mit hartem politischen Gegenwind zu kämpfen. Doch die von den politischen Gegnern regelmäßig aufgestellte Behauptung, radikaler Umweltschutz sei ideologisierend, entkommt in ihrem Automatismus nur schwer dem Verdacht, selbst ideologisierend zu sein.

Noch ein weiterer gravierender Fehlschluss ist auszumachen, dem der globale Konsummensch aufsitzt. Er sieht durch die Forderung, auf Konsum zu verzichten, nicht nur sein Selbstbestimmungsrecht bedroht, sondern sogar seine materielle Selbsterhaltung. Bei diesem Fehlschluss missinterpretiert er Wohlstandsbewahrung als physische Selbsterhaltung. Die physische Selbsterhaltung kann ihm nur von einer intakten Gesellschaft garantiert werden. Deshalb muss er seinen Verzicht auf Wohlstand als eine notwendige Anpassungsleistung betrachten, die er zu erbringen hat, um die Gesellschaft in der er lebt, stabil und funktionsfähig zu erhalten. Würde er seinen Konsum nicht einschränken, liefe die Gesellschaft Gefahr, durch die Belastung der immer näher rückenden Umweltschäden ihren Zusammenhalt zu verlieren. Denn eine intakte Umwelt ist Voraussetzung für eine sichere und materiell zureichende Lebensgrundlage, die wiederum Voraussetzung ist für eine intakte Gesellschaft. Um diese Bedrohung abzuwenden, muss der Konsummensch zu der Erkenntnis gelangen, dass er durch Konsumverzicht keineswegs in seiner physischen Existenz gefährdet ist, sondern einzig und allein in seiner Konsumbezogenheit. Da diese Bezogenheit für ihn als homo oeconomicus aber identitätsstiftend ist, mutiert der Wohlstandsverzicht für ihn zur physischen Existenzbedrohung. Philosophische Reflexion muss sich der beiden Fehlinterpretationen des Konsummenschen annehmen, um sie aufzulösen. Nun könnte dadurch zwar die Frage beantwortet werden, ob Konsumbezogenheit die dem Menschen gemäße Existenzform ist, nicht aber die weiterführende Frage, welche Bezogenheit denn die ihm gemäße wäre.

Aufgabe ideell-spekulativen Philosophierens bleibt die Denkanstrengung nach der richtigen Weise menschlicher Existenz.

Problematik einer evolutionären Weltsicht

Innerhalb der biologischen Forschung dominiert die Evolutionstheorie schon seit Jahrzehnten die öffentliche Wahrnehmung. Der Grund mag darin liegen, dass ihre Aussagen über den Menschen für den Menschen ein plausibles Erklärungsmodell dafür abgeben, als was er sich zu sehen hat und wie er im Laufe der Jahrtausende dazu geworden ist. Dabei verwundert es niemanden mehr, dass die Evolutionstheorie ausschließlich der Biologie zugerechnet wird und deshalb auch ihr Erklärungsmodell des Menschen zu einem ausschließlich biologischen geworden ist. Aber so selbstverständlich ist das nicht. Denn aus dem Begriff der Evolution ist das Biologische nicht unmittelbar herzuleiten. Die menschliche Entwicklung kann außer vom biologischen Faktor ebenso gut von einem soziokulturellen Faktor beeinflusst werden. Doch heute sieht sich die Soziologie in zunehmenden Maße durch die biologische Evolutionstheorie in die Enge getrieben. In ihren Augen überschreitet die Biologie damit die Grenze ihres Untersuchungsgebietes und dehnt ihren Wissensanspruch in unzulässiger Weise aus.

Die biologische Evolutionstheorie betrachtet nicht naturwissenschaftlich gewonnene Erkenntnisse über den Menschen als ungenuin und macht sich daran, sie ebenfalls evolutionsbiologisch herzuleiten. So wird aus einem soziokulturellen Entwicklungsprozess kurzerhand einer, den die gleichen Faktoren bestimmen, die auch die biologische Evolution der Lebewesen vorantreiben. Ob dieser Transformationsschritt statthaft oder unstatthaft ist, soll hier nicht weiter erörtert werden, zumal diese Frage auch innerhalb der davon betroffenen Gelehrtenzünfte umstritten ist und immer wieder heftig und kontrovers diskutiert wird. Es soll hier lediglich der analytische Versuch unternommen werden, die Konsequenzen zu beleuchten, die sich aus solch einem interdisziplinären Transformationsschritt ergeben.

Als bestimmende Hauptfaktoren des biologischen Evolutionsprozesses gelten Variation und Selektion. Innerhalb der Variation ist zu unterscheiden zwischen der genetischen Rekombination der Merkmale bei den Nachkommen und der zufälligen oder induzierten Mutation der Merkmale während der Replikation des genetischen Materials. Die derart entstandenen Genvarianten werden in einem zweiten Schritt selektiert. Diejenigen Organismen, die Träger ihre Fitness steigernden Genvarianten sind, bleiben der Umwelt erhalten, diejenigen, denen der Zufall nicht so hold war, fallen über kurz oder lang der Ausmusterung zum Opfer. Die soziobiologische Forschung geht von zwei Arten der Evolution aus, der biologischen und der soziokulturellen. Nach ihrer

Auffassung koexistieren beide Evolutionsarten in der menschlichen Gesellschaft. Die Soziobiologie behauptet nun, sie könne stichhaltige Beweise vorlegen, dass in beiden Evolutionsarten gleicherweise die biologischen Mechanismen der Variation und Selektion vorherrschen. Welche Konsequenzen hätte es nun, wenn ihre Behauptung zutrifft und auch die soziokulturelle Entwicklung des Menschen nach den evolutionsbiologischen Mechanismen abläuft?

Um den evolutionsbiologischen Mechanismen Genüge zu tun, sieht sich das menschliche Individuum vor die unabweisbare Aufgabe gestellt, Nachkommen in die Welt zu setzen. Dabei hat es darauf zu achten, die geeignete Anzahl zu erreichen. Ist die Anzahl zu gering, besteht das Risiko, dass die Nachkommen nicht in der Lage oder auch nicht willens sind, ihre biologische Aufgabe der Fortpflanzung zu erfüllen. Was zum Abbruch der Genlinie führt, also zur Selektion. Die Eltern würden ihre intensive Kinderbetreuung also den Falschen angedeihen lassen. Ist die Anzahl zu groß, können nur finanziell umfassend ausgestattete Eltern eine gleichmäßig optimierende Kinderbetreuung betreiben. In beiden Fällen aber wären Ehe und Partnerschaft als eine Institution zur genetischen Rekombination zu betrachten. Neben dem genetischen Weg der Informationsweitergabe hat sich in der menschlichen Entwicklung noch ein zweiter Weg, der soziokulturelle, herausgebildet. Informationen werden für die Weitergabe nicht mehr genetisch codiert, sondern als Informationsbestand an die nachfolgenden Generationen tradiert. Problematisch dabei ist, was Information in diesem Zusammenhang bedeutet. Biologisch betrachtet sind Informationen kombinierte Daten von Merkmalen. Trifft dies auch für eine kulturelle Definition zu? Oder müsste man für sie den Begriff der Information zu dem des Wissens erweitern?

An dieser Stelle scheint es angebracht, auf die unterschiedliche Bedeutung von Entwicklung und Bildung einzugehen. Während wir es bei der Entwicklung mit einem passiven Prozess zu tun haben, der sich in einem Organismus oder in einem System vollzieht, ist Bildung gekennzeichnet durch das aktive Tun des Menschen und somit auch durch seine den Bildungsprozess begleitenden Überlegungen und Entscheidungen. Die evolutionäre Sichtweise ist geprägt davon, dass sich biologische Entwicklung nach gewissen Regeln der Natur vollzieht, also determiniert ist und ein Einschreiten des Menschen Teil des Regelwerks ist und daher kein Freiheitsmoment aufweist. Bildung hingegen ist geprägt von der Überzeugung, dass der Mensch sich nach einem von ihm ausgearbeiteten Bildungsprogramm entwickelt, dessen Inhalt er frei bestimmt hat und das er auch jederzeit variieren kann. Bildung beruht damit nicht auf geregelter Datenkombination, also Informationswissen, sondern auf kritischer Informationsanalyse, also Reflexionswissen. Der Zweck von Informationswissen besteht darin, probate Mittel zu Erhalt und Steigerung der menschlichen Lebenstüchtigkeit bereit zu stellen. Seine Aneignung erfolgt heutzutage in den diversen Lehrinstitutionen. In ihnen werden diejenigen mit stetigem Vorankommen und resilientem Durchsetzungsvermögen belohnt, die seiner Aneignung umfänglich und konzentriert nachkommen. Reflexionswissen ist eher im geisteswissenschaftlichen Bereich angesiedelt und führt aufgrund seiner begrenzten pragmatischen Anwendbarkeit zunehmend eine Randexistenz. Seine Marginalität wird weiterhin zunehmen, wenn es nicht gelingt, es seiner akademischen Erstarrung zu entledigen und in viel stärkerem Maße in die aktuellen gesellschaftspolitischen Diskurse einzubringen. Dass diese breit angelegt und vor allem grundlegend geführt werden müssen, ist abzulesen an den zahlreichen schweren Krisen, die derzeit das Weltgeschehen bestimmen. Worin besteht nun aber der Unterschied zwischen Informationswissen und Reflexionswissen?

Um den Unterschied zwischen den beiden Wissensformen einer größeren Klarheit zuzuführen, sollen an dieser Stelle über die Kunst als Reflexionsgegenstand der Geisteswissenschaften einige wenige Betrachtungen aufgenommen werden. Soziobiologisch gesehen fungiert die Beschäftigung mit Kunst als Herausstellungsmerkmal eines Individuums und als Kooperationsmerkmal einer gesellschaftlichen Gruppe. Beides stellt einen Selektionsvorteil dar. Durch den Luxus, so die soziobiologische Behauptung, sich mit so etwas Überflüssigem wie Kunst beschäftigen zu können, verschafft sich das Individuum den Anschein des Elitär-Überlegenen, was seine Attraktivität gegenüber möglichen Paarungspartnern steigert. In einer gesellschaftliche Gruppe hingegen verbessert die gemeinsame Beschäftigung mit Kunst die kommunikativen Fähigkeiten der einzelnen Gruppenmitglieder. Dieser Effekt stabilisiert deren Kooperationsbereitschaft, was sich wiederum positiv auf ihr Durchsetzungsvermögen anderen gesellschaftlichen Gruppen gegenüber auswirkt. Wobei zugestanden werden muss, dass Kooperation nicht altruistisch gesehen werden darf, sondern als Vehikel des Eigennutzes der einzelnen Gruppenmitglieder. Kooperatives Gen und egoistisches Gen schließen sich folglich nicht aus, doch ist die Hierarchie zugunsten des Letzteren klar geregelt.

Bei solch einer zweckgebundenen Herangehensweise an die Kunst wird aber die ideell-spekulative Reflexion, die sich ihr zuwendet zum Werkzeug einer bloßen Informationsverarbeitung funktionalisiert. Indes die Funktionalisierung schlägt fehl. Kunstwerke sind keine Gegenstände der informativ-pragmatischen Verwertbarkeit und somit ist die Reflexion über sie frei von jeglichen Nützlichkeitsgedanken. Beansprucht die Reflexion über Kunst dennoch einen pragmatischen, die Gesellschaft stabilisierenden Nutzen, ist sie keine über Kunst, sondern über deren gesellschaftliche Relevanz.

Problematisch wird das Verhältnis von informativer und reflexiver Wissensform, wenn die reflexive die informative behindert, ja sogar verhindert. Denn weder genetisch noch tradierend ist es dem Individuum dann möglich, sich evolutionär adäquat weiterzugeben. Soziobiologisch gesehen ein Selektionsfall. Für das Individuum ein befreiender Akt der Selbstbildung. Die Soziobiologie betrachtet den Menschen als Naturwesen. Die Natur des Menschen aber ist zwiespältig. Sie oszilliert zwischen seinem materiellen Eingebundensein in ein determiniertes Naturgeschehen und seiner Selbstdefinition als freies Geisteswesen. Hier skizzenhaft dargetan am Beispiel der Kunst. Den eingefleischten Soziobiologen überzeugen solche Darlegungen freilich wenig. Ihm erscheinen sie eher als abstraktes Wortgeklingel, denn als seriöse Wissenschaft. An dieser Stelle sei ein kleiner philosophisch-kritischer Einschub gestattet. Der soziobiologische Wissenschaftler sollte sich, wie jeder andere Wissenschaftler auch, klar darüber sein, dass Wissenschaftlichkeit einer wissenschaftstheoretischen Fundierung bedarf. Sie muss sich also auf eine gewisse Reflexionsarbeit über ihre Möglichkeitskriterien einlassen, will sie nicht in einem naiven Positivismus enden.

Evolutionsbiologisch betrachtet dominiert der mit durchsetzungsstarkem genetischen Material ausgestatte Organismus im Selektionsprozess. Die anderen, weniger begünstigten Organismen werden Opfer der Rezessivität ihrer mangelhaften genetischen Ausstattung. Nun stellt es aber nicht nur eine Gefahr dar, diesen Dominanzmechanismus auf Gesellschaften zu übertragen, sondern es besteht ebenso die Gefahr, ihn auf des Menschen Verhältnis der Natur gegenüber anzuwenden. Der Mensch lebt dann nicht mehr mit der Natur, sondern er dominiert sie. Er hat sich die Natur angepasst, nicht nur, um in ihr zu bestehen, sondern um sie zur materiellen Selbsterhöhung auszubeuten. Nun ist der Zeitpunkt eingetreten, wo er sie damit in den Ruin treibt. Fürsprecher der soziobiologischen Weltauffassung sehen einen Ausweg aus diesem Dilemma darin, dass der Mensch sich nun seinerseits dem Ruinieren der ihn umgebenden Natur anpasst. Dies erreicht er mit der technologischen Hochrüstung seiner biologischen Ausstattung. Also mittels einer technologisch induzierten Mutation. Da diese extrem kostenintensiv ist, bleibt sie allein den weltweiten Macht- und Geldeliten vorbehalten. Die restliche Menschheit kann sehen, was aus ihr wird. Doch auch die Happy Few können sich ihrer evolutionären Dominanz nicht sicher sein. Möglicherweise sind sie nicht mehr als eine transhumane Zwischenstufe hin zu einer den Menschen ablösenden, technologischen Superspezies.

Wie auch immer. Aus der Perspektive der soziobiologischen Weltauffassung verkommt das menschliche Individuum zur Verfügungsmasse eines die Fitness maximierenden Evolutionsgeschehens. Will es diesem biologischen Zwangsmechanismus entgehen, muss es sich ihn bewusst machen und die ideell-spekulative Reflexion auf die Frage richten, was das genuin Menschliche am Menschen ist. Die Frage, was das genuin Menschliche am Menschen ist, schließt die Frage ein, was es heißt, ein menschliches Individuum zu sein. So ist die individuelle Frage nach dem Menschsein auch immer eine gemeinschaftliche. Des Philosophen Aufgabe ist es, die Menschen aufzufordern, über die Frage nach ihrem Menschsein nachzudenken. Das bedarf der Provokation. Die

Provokation besteht darin, dass der Philosoph auf die Frage nach dem Menschsein eine Antwort gibt.

Die kulturelle Entwicklung der menschlichen Gemeinschaft basiert auf der Selbstbildung ihrer Individuen. Die Selbstbildung des Individuums ist ein Akt gemeinschaftlicher Befreiung.